Inhalt

Funktioniert die Strategie Allfinanz in Deutschland?

Kernthesen

Beitrag

Fallbeispiele

Weiterführende Literatur

Impressum

Funktioniert die Strategie Allfinanz in Deutschland?

G.Dengl

Kernthesen

- Unternehmen, die eine Allfinanz-Strategie verfolgen, bieten ihren Kunden alle Finanzdienstleistungen aus einer Hand an, und versuchen eine hohe Cross-Selling-Rate zu realisieren.
- Der Erfolg dieses Konzeptes scheint von kulturellen Faktoren abzuhängen und davon, wie gut es dem Unternehmen gelingt, das Vertrauen der Kunden in die vertriebenen Produkte zu gewinnen.
- Einer der harten Schlüsselfaktoren bleibt jedoch die adäquate Qualifizierung der

Kundenberater.

Beitrag

Als sich 1998 der Bankkonzern Citicorp mit dem Versicherungskonzern Travelers zur Citigroup zusammenschloss, wurde dies zum Symbol für eine neue Ära im Finanzdienstleistungsbereich. Das Ideal des Allfinanzkonzerns, der alle nur erdenklichen Finanzdienstleistungen für Privatkunden aus einer Hand zu wettbewerbsfähigen Preisen anbieten konnte, schien Wirklichkeit geworden. Unter den vielen nachfolgenden Konzernzusammenschlüssen gleicher Zielsetzung ist in Deutschland vor allem die Übernahme der Dresdner Bank durch die Allianz in Erinnerung geblieben.
Auch wenn das Ideal des Allfinanzdienstleisters auf allen Seiten immer schon Fantasien freigesetzt hatte, so konnte doch bisher nie zweifelsfrei belegt werden, ob diese Strategie sich auch in Euro und Cent bezahlt macht.
Dass dem nicht so ist, scheint die nun bekannt gewordenen Aufspaltung der Citigroup in unabhängige Bank- und Versicherungsgruppen zu belegen. Sieben Jahre nach der schillernden Vereinigung zerbrechen die Kooperation und die damit verbundenen Hoffnungen. Bedeutet dies, dass eine Allfinanzstrategie im Wettbewerb nicht

durchsetzbar ist? (1)

Allfinanz aus Kundensicht

Auf der einen Seite ist es nachvollziehbar, dass Kunden sich - allein schon aus Bequemlichkeit - relativ leicht mit dem Gedanken anfreunden können, alles aus einer Hand zu kaufen. So werden in einem Beratungsgespräch am Bankschalter alle finanziellen Bedürfnisse geklärt und gegebenenfalls in einem Aufwasch befriedigt. Das ist aus jeder Sicht zeit- und kosteneffizient.
Der Haken an der Sache liegt aber andererseits darin, dass Kunden immer weniger bereit sind, zu glauben, dass gerade ihre Bank nur mit den allerbesten Kooperationspartnern zusammenarbeitet, und sie deshalb wirklich das für sie beste Angebot zusammengestellt bekommen. Der potentielle Zwiespalt des Beraters zwischen der Loyalität für den Kunden und der Loyalität für seine Kooperationspartner wird von immer mehr Kunden als Schwäche erkannt, das Konzept "Alles-aus-einer-Hand" deshalb mit Misstrauen beäugt. (4)

Hohe Cross-Selling-Rate als Ziel

Die Diskussion um die Cross-Selling-Rate ist noch älter als die Idee der Allfinanz. In jedem Unternehmen drehen sich die Gedanken um die Frage, wie ein einmal bestehender Kundenkontakt dazu genutzt werden kann, noch mehr Produkte des eigenen Unternehmens zu verkaufen. Diese Beziehung wird ausgedrückt in der Cross-Selling-Rate. Die Cross-Selling-Rate ist indes eine Kennzahl, die hohes Suggestionspotential hat. Eine Rate von 2 bedeutet beispielsweise, dass ein Kunde zwei Produkte des gleichen Unternehmens gekauft hat. Ob dies nun viel oder wenig ist, kann man bestenfalls im Branchenvergleich beurteilen. Des ungeachtet, bleibt die größte Schwäche der Kennzahl, dass man nach wie vor nicht weiß, wie profitabel der Kunde dadurch ist. Dies ist abhängig von den Margen der Produkte; diese gehen jedoch aus der Kennzahl nicht hervor. (7)

Derzeitiger Status in Deutschland

Beim Blick durch die Finanzbranche wird schnell deutlich, dass die Idee Allfinanz in verschiedenen Bereichen verschieden stark entwickelt ist und unterschiedlich gelebt wird.
Da sind zum einen die beiden großen Verbände der Sparkassen und der Volks- und Raiffeisenbanken, die schon immer mit dem Verbundvorteil auf

Kundenfang gegangen sind. In beiden Verbänden werden alle nur erdenklichen Finanzdienstleistungen erbracht, und jeweils unter einer einzigen Marke verkauft. An diesen beiden Beispielen den Erfolg des Konzeptes abzulesen wäre indes übereilt, gelten doch gerade für den öffentlich-rechtlichen und den genossenschaftlichen Sektor (noch) Regeln, die den Vergleich mit der privaten Wirtschaft schwer machen. Klar ist nur eines: das Konzept an sich ist zumindest so tragfähig, dass es nicht an sich zum Scheitern verurteilt ist. (7)
In der privaten Wirtschaft hingegen gibt es gerade in Deutschland das Paradebeispiel von Allianz und Dresdner Bank, das symbolisch für diesen Konzept steht, und für jeden Vergleich herhalten muss. Erfolg oder Misserfolg kann selbst jetzt, nach mehreren Jahren und nicht unerheblichen Integrationsbemühungen, nicht verlässlich beurteilt werden. (4)
Laut Vorstandschef Diekmann sind nun die Aufräumarbeiten abgeschlossen, und das Jahr 2005 soll beweisen, dass die Strategie Versicherung plus Bank aufgeht. (3)

Allfinanz erfolgreich im

europäischen Ausland

Wirft man einen Blick ins europäische Ausland so zeigen Allfinanzriesen wie die ING Gruppe oder ABN Amro, dass das Konzept in den Benelux-Ländern sehr gut ankommt. Auch in England macht die Royal Bank of Scotland mit der Vermittlung von Versicherungen einen Großteil des Umsatzes; und das, obwohl es sich dabei lediglich um eine Vertriebskooperation mit Provisionszahlungen handelt. Dies wirft die Frage auf, ob der Erfolg diese Strategie nicht auch von kulturellen Faktoren abhängt. (2)
Es darf bei dem Vergleich Deutschland und EU-Ausland aber auch nicht vergessen werden, dass überall da, wo die Allfinanz derzeit erfolgreich ist, eine längere Historie vorliegt. Historie bedeutet, dass die Kunden über Jahre und Jahrzehnte hinweg, das Gefühl vermittelt bekommen haben, dass sie tatsächlich in ihrer Bankfiliale kompetent in Versicherungsfragen beraten werden. Um dieses Vertrauen aufzubauen bedarf es zunächst einmal Zeit. (7)

Fallbeispiele

Kooperationen bei Bausparen und Baufinanzierung

Nicht nur die Kernbereiche der Finanzdienstleistungsbrache, Banken und Versicherungen, stellen sich die Frage nach bereichsübergreifendem Verkaufspotential. Auch Bauspar- und Baufinanzierungsprodukte können sinnvoll bei einem Allfinanzanbieter integriert werden. Dies zeigen die Beispiele von Creditplus Bank AG, Stuttgart und Citibank Privatkunden AG, Düsseldorf, die sich jeweils qualifizierte Bauspar-Partner für die Kooperation herausgesucht haben. (8)

Axa-Vertreter vertreiben BHW-Produkte

Das Problem der Qualifizierung der Versicherungsvertreter zum Berater für Baufinanzierungen haben AXA und BHW erkannt und mit einem speziell dafür ausgelegten Programm in Angriff genommen. Über das so vorangetriebene Cross Selling werden Einnahmen im dreistelligen Millionenbereich erwartet. (5)

Postbank macht erfolgreiche Allfinanzdienstleistung vor

Derzeit wird in Deutschland die Postbank erfolgreich als integrierter Allfinanzdienstleister wahrgenommen. Auf diesen Erfolg lassen auch die veröffentlichten Zahlen schließen. Zu den wesentlichen Erfolgskomponenten gehört laut Vorstandschef Wulf von Schimmelmann, die Konzentration auf wenige Produkte aus den Bereichen Bank und Versicherung. Nur so sei die Kompetenz der Mitarbeiter in diesen Produkten sicherzustellen. (7)

Weiterführende Literatur

(1) Dittli, M. , Citigroup nähert sich Citicorp an, Finanz und Wirtschaft, 02.02.2005, S. 7
aus Zeitschrift für das gesamte Kreditwesen 20 vom 15.10.2004 Seite 1112

(2) Allfinanz-Power mit Turbo im Web
INTERNATIONALE AKTIE / ING GROEP / Die internationalen Kapitalmärkte bieten laufend günstige Gelegenheiten, in Aktien, Fonds, Anleihen oder andere Wertpapiere zu investieren. BÖRSE ONLINE stellt jede Woche sechs Anlageideen vor, die vor allem mittelfristig Kursgewinne versprechen.

aus Börse Online vom 09.12.2004, Seite 14

(3) Der Kunde wird wieder zum König Nach vier Katastrophenjahren versprechen die deutschen Finanzinstitute wieder ordentliche Gewinne. Hoffnungsträger sind die lange Zeit verschmähten Privatkunden.
aus Capital vom 23.12.2004, Seite 44

(4) Allfinanz: tot oder lebendig Eine Frage der Definition
aus Bank und Markt 01 vom 03.01.2005 Seite 004

(5) BHW und Axa starten Vertriebskooperation
aus Bank und Markt 02 vom 01.02.2005 Seite 035

(6) Die Grenze fließt Banking und Insurance
aus Die Bank, Heft 01/2005, S. 25

(7) "Für Allfinanz braucht man einen langen Atem"
aus Bank und Markt 01 vom 03.01.2005 Seite 012

(8) Neue Kooperationen bei Bausparen und Baufinanzierung
aus Bank und Markt 03 vom 01.03.2005 Seite 040

(9) Neue Vertriebswege bei Versicherungen
aus Bank und Markt 03 vom 01.03.2005 Seite 040

Impressum

Funktioniert die Strategie Allfinanz in Deutschland?

Bibliografische Information der deutschen Nationalbibliothek

Die Deutsche Nationalbibliothek verzeichnet diese Publikation in der deutschen Nationalbibliografie; detaillierte bibliografische Daten sind im Internet über http://dnb.d-nb.de abrufbar.

ISBN: 978-3-7379-1201-3

© 2015 GBI-Genios Deutsche Wirtschaftsdatenbank GmbH, Freischützstraße 96, 81927 München, www.genios.de

Alle Rechte vorbehalten. Dieses Werk ist einschließlich aller seiner Teile – z.B. Texte, Tabellen und Grafiken - urheberrechtlich geschützt. Jede Verwertung außerhalb der Grenzen des Urheberrechtsgesetzes bedarf der vorherigen Zustimmung des Verlags. Dies gilt insbesondere auch für auszugsweise Nachdrucke, fotomechanische Vervielfältigungen (Fotokopie/Mikroskopie), Übersetzungen, Auswertungen durch Datenbanken oder ähnliche Einrichtungen und die Einspeicherung und Verarbeitung in elektronischen Systemen.